Geborgenheit

Geborgenheit

von Gabriele

Gabriele-Verlag
Das Wort

2. Auflage Juni 2011

Max-Braun-Str. 2, 97828 Marktheidenfeld
Tel. 09391/504-135, Fax 09391/504-133
Internet: www.gabriele-verlag.de

Druck: KlarDruck, Marktheidenfeld

ISBN 978-3-89201-276-4

Zum Geleit

Jeder Mensch sehnt sich letztlich nach Geborgenheit – doch wo ist sie zu finden?
Finden Sie den Weg, die Geborgenheit in sich selbst zu erschließen. Die Aussagen in diesem Büchlein, gegeben aus der göttlichen Liebe und Weisheit von Gabriele, der Prophetin und Botschafterin Gottes für unsere Zeit, mögen Ihnen dazu Hilfe und Anregung sein.

*Jeder Einzelne von
uns ist der Tempel
der göttlichen Liebe.
Im Tempel der göttlichen
Liebe ist Sicherheit,
ist Geborgenheit,
ist Heimat – ewiglich.*

Gott, unser Vater,
ist die einzige Sicherheit
in Christus, unserem Erlöser.
Er, der in unserem Innersten
wohnt, lädt uns ein,
in diesen Innenraum
einzutreten, der unsere
Sicherheit ist.

Nimm dich zurück,
und werde stille.
Im Stille-Werden üben
wir uns, in die Gegenwart
zu gelangen, die Gott ist.
Durch das Stille-Werden
oder gar Stille-Sein gelangen
wir in Kommunikation mit
dem großen Helfer und
Ratgeber, GOTT.

Aus der inneren Stille vermag Gott, der die Stille ist, im Menschen zu wirken. Er übermittelt dem still gewordenen Menschengemüt Impulse, um den Menschen nahe an Sich heranzuziehen, ihn in die Stille und zur geistigen Objektivität zu führen.

*Nur im Strom der Stille
ist Heimat, nur im Strom
der Stille ist Geborgenheit.
Einzig die Arme des Ewigen
umfangen wahrlich das
Kind.*

Wir sind auf Erden,
um göttlich zu werden,
um wieder zurückzukehren
in das ewige Sein, von wo
wir kamen und zu dem wir
wieder werden müssen.
Für uns Menschen scheint es
noch ein weiter Weg, wenn
wir an das Dort denken.
Wird uns jedoch bewußt,
daß die ganze Unendlichkeit
als Licht und Kraft durch

uns hindurchströmt,
ja, daß unser geistiger Leib
das komprimierte Sein ist
und daß in jeder Zelle
unseres Leibes die Allkraft,
Gott, wohnt, dann wissen
wir: Gott ist da.
Gott ist ganz nah.
Und in uns ist das ewige
Gesetz, unsere Heimat,
unser Wesen, das göttlich
ist.

Gott ist die Freiheit.
Und wir sind Seine Kinder -
nicht Vasallen oder Hörige.
Das göttliche Gesetz,
der freie Wille, macht uns
zu Kindern Gottes und
zu Erben des ewigen Reiches.

Durch den freien Willen
werden wir auch frei zu Gott
zurückkehren.
Wir werden von Gott
zu nichts gezwungen.

In dem Maße,
wie sich der Mensch
nach innen wendet,
wachsen in ihm die Gewiß-
heit um das Geborgensein
im Reich der Ewigkeit
und das Freisein
durch den Ewigen.

*Nur der tiefgläubige
Mensch, der Erfahrung
in der Erfüllung der Gebote
Gottes hat, weiß, was
Freiheit bedeutet.
Freiheit im Sinne des
göttlichen Prinzips ist gleich
Geborgenheit in Gottes
allwaltender Liebe,
ist Sicherheit und
Geradlinigkeit in allen
Dingen des Erdendaseins.*

Wir Menschen sehnen uns nach Geborgenheit; doch in dieser Welt werden wir sie niemals finden. Glauben wir, jetzt hätten wir Geborgenheit gefunden, so können wir sicher sein, daß sie in Kürze wieder schwindet.
Wo gibt es Sicherheit? Wer kann uns Sicherheit bieten? Menschen? Güter? Geld, Macht und Ansehen?

Wir alle dürfen, gleichsam
als Zielbild, das Absolute
bejahen:
Ich bin im Strom des Seins.
Dann fühlen wir die
Weichheit, die Wärme
und Zartheit des Stromes;
dann fühlen wir die
Geborgenheit im Vater –
die unendliche Liebe,
die uns durchglüht.

Vertrauen wir Gott, so wissen wir uns in Seiner Hand geborgen, was auch geschieht.
Diese innere Sicherheit macht uns ruhig und gelassen.
So erwachsen wahre Stärke und Schicksalsüberlegenheit.

*Der geistige Mensch ist
beweglich, ist dynamisch.
Er wirkt von innen heraus.
Er plant, stellt den Plan in
Gottes Willen und läßt sich
von Gott im Plan führen,
Tag für Tag.
Dann nimmt er nicht –
er empfängt und kann geben.
Er ist nicht getrieben –
er ist dynamisch.*

Wer Gott wahrhaft liebt,
ist nicht allein …
Wahre Liebe ist
Geborgenheit, Freiheit
und Einheit mit dem Leben,
das das All-Leben ist.

Wo ist Gott?
Er ist in jedem Wort,
das wir sprechen.
Er ist in jedem Gedanken,
in jeder Empfindung,
jeder Regung.
In allem, was wir tun,
ist auch Gott; denn Gott ist
das Sein, der Strom des
Lebens, der alles durchströmt
und alles erhält.

Das Kleinste ist im Großen, und das Große ist im Kleinsten. Und deshalb kann nichts verlorengehen, weil Gott ist. Er ist im Kleinsten wie im Großen. In Gott gibt es kein Vergehen, nichts wird zum Nichts.

*Ist schon das Kleinste
geborgen und getragen von
Gottes Fürsorge –
um wieviel mehr geht
Christus jedem Wesen nach,
jedem Menschen!*

In uns ist die Fülle.
In uns ist Sicherheit.
In uns ist Geborgenheit.
In uns ist Heimat.
Und d u r c h uns
möchte der große Geist
wirken und Frieden
spenden.

Gottgewolltes Denken und Tun machen andere glücklich und hoffnungsstark; Glück und das Licht der Hoffnung kehren gleichzeitig verstärkt in dein Herz zurück.

»Was du willst, daß dir die
anderen tun, das tue du
ihnen zuerst.«
In dieser Botschaft ist die
Gottes- und Nächstenliebe,
der Friede, die Freiheit,
die Einheit,
die Geborgenheit in Gott
und das Glück.

Sammle immer wieder aufs neue deine positiven Gedanken, und richte sie auf die Kräfte des Christus Gottes in dir aus.

Verwirkliche Seine Lehre. Dann erlangst du die Kraft, jede Schwäche erfolgreich zu bekämpfen, und du bist der Sieger.

*Der Mensch sucht nach
Glück, Geborgenheit und
Frieden.
Sucht er in der Welt
und bei Menschen, dann
wird er nicht finden.
Beständiges Glück, Friede,
Harmonie und Liebe sind
Gaben Gottes.
Sie sind nur im Inneren
jedes Menschen selbst
zu finden.*

*Menschen, die ihr Leben
in die Hand genommen
haben, werden nie
heimatlos sein.
Sie wissen sich geborgen
und sind sich des
Weges zum Leben
nach dem Leben bewußt.*

*Die Basis jeder Selbst-
achtung ist das Wissen
darum, wer wir
in Wahrheit sind.
Wir sollten des öfteren
eintauchen in das
Bewußtsein, daß wir
in der Tiefe unseres Herzens
göttliche Wesen sind,
geliebt vom ewigen Vater,
ausgestattet
mit den Lichtkräften
der Unendlichkeit.*

Wer zu seinem geistigen
Wertgefühl steht,
wer danach trachtet,
zum Ebenbild Gottes
zu werden, der ist
sich selbst treu und wird
auch anderen – und Gott –
die Treue halten.

Wohin wir gehen – Gott ist.
Was auf uns zukommt –
Gott ist.
Gott ist am Arbeitsplatz.
Gott ist in unserer Arbeit.
Gott ist in unseren
Gesprächen.
Gott ist immer dabei.
Er liebt uns. Trauen wir Gott,
und wir schaffen Vertrauen
zu Ihm. Rufen wir Ihn in
jeder Situation an. Eine ehr-
liche Bitte um Hilfe – und
Gott macht sich bemerkbar.

Das äußere Glück ist nicht von Dauer; es folgt immer wieder Unzufriedenheit oder Unglück.

*Wir müssen das innere Glück finden. Es ist die Festigkeit in Christus. Das innere Glück ist die Sicherheit und die Geborgenheit in Christus. Wagen wir es mit Ihm!
Er ist gegenwärtig;
Er ist in uns.*

*Er, Christus, ist immer da –
immer bereit, uns zu helfen.
Wenn wir fallen – Er fängt
uns wieder auf, stellt uns auf
die Beine und spricht:
»Komm, geh weiter!« Wohin?
Zu Ihm. Wo ist Er? Da, dort?
Nein! I n uns.
Wird uns dies bewußt, dann
erlangen wir innere Sicher-
heit. In der inneren Sicherheit
spüren wir die Geborgenheit –
und in der Geborgenheit
wächst wieder die Liebe.*

Gott, Christus nimmt uns nie etwas übel, schimpft uns nie, sondern geht auf uns ein wie ein guter Freund.
Er kennt uns so gut, wie ein Mensch uns niemals kennen könnte. Haben wir das erspürt, gleichsam erfahren, dann fühlen wir uns trotz unserer Unvollkommenheiten bei Gott gut aufgehoben; wir können auch sagen: Wir wissen uns in Ihm geborgen.

*Der Tag zeigt uns auf,
daß wir Ihm näherkommen
können. Wie? Jedem
Einzelnen sagt es der Tag.
Und auch im Tag, in allen
Ereignissen, in allen
Widrigkeiten – gleich,
was auf uns zukommt –
ist Christus der Helfer.
Er ist immer bei uns.*

*Wie kann Gott
wirksam werden,
wenn wir Ihn, der das Gute
ist, die Gesundheit,
die Lebensfreude und
das Glück, verneinen?*

Lassen wir das Licht der
Sonne uns durchstrahlen,
so ist der Tag sonnig,
und jeder kommende Tag
wird sonniger werden,
weil Christus, die Sonne,
das Licht, die Mitte
in unserem Leben ist.

*Aus der Ur-Wiege
kamen wir.
Aus der Ur-Wiege der Liebe
sind wir hervorgegangen;
zur Ur-Wiege der Liebe
kehren wir wieder zurück
durch Christus, unseren
Erlöser. Er ist uns immer
zugewandt und nah.*

*Christus in uns.
Christus ruft uns.*

Machen wir uns bewußt,
daß Seine treue Bruderliebe
in uns wohnt.
Versenken wir uns
mehr und mehr in die
Macht der Liebe,
in die Bruderliebe,
in Christus in uns.

Wir brauchen uns nicht zu ängstigen und zu sorgen – Gott, das Licht, das uns umgibt, möchte für uns das Beste.
Und wir werden auch das Beste für uns erlangen, wenn wir uns Ihm hingeben – Dem Einen, der alles in allem ist, der in uns das Leben ist und in dem wir das Leben sind.

Blicke zurück in die
vergangenen Stunden,
und spüre hinein.
Hast du Gott um Hilfe
und Beistand angerufen?
Hast du auch in deinem
Nächsten Gottes Liebe
erkannt?
Dann hast du
Gottes Nähe verspürt …

Wir sind nicht verlassen,
wir sind nicht verloren;
wir sind niemals verstoßen
oder verdammt.
Denn Gott ist unser ewiger
Vater, und Er liebt uns.

Denken wir um!
Suchen wir nicht mehr
die Orientierung beim
Nächsten, wenn wir wieder
einmal traurig sind.
Nähren wir nicht weiter
unser Menschliches,
die Traurigkeit, das Selbst-
mitleid, sondern ver-
gegenwärtigen wir uns
die Nähe Gottes.

Erstellen wir uns in der Trauer ein göttliches Bild: Daß uns der Strom der Liebe umgibt und durchdringt, daß Gott uns immer liebt, daß Er unser Vater ist, daß Er unsere ewige Heimat ist; daß Er die himmlischen Wohnungen freihält, bis wir zu Ihm zurückfinden. All das ist Hoffnung aus dem Geiste.

Bedenken wir: Das Licht Gottes ist stärker als die Finsternis. Das Gute wird immer über das Ungute, Allzumenschliche, siegen – es kommt nur auf uns an, ob wir ihm dazu die Möglichkeit geben, indem wir uns dem Licht, Gott in Christus, unserem Erlöser, dem einzig Guten, zuwenden.

Nehmen wir Christus als
Vorbild mit in unser
tägliches Leben!
Denken wir immer wieder
an Jesus von Nazareth.
Wenn uns etwas schwerfällt,
fragen wir:
Wie hätte es Jesus getan?
Wie hätte Jesus gesprochen?
Wie hätte Jesus gehandelt?
Dann spüren wir, daß das
Licht uns näherkommt.

In der heutigen Zeit brauchen wir Ihn mehr denn je. Christus weicht nicht von uns; Er verläßt uns nicht. Auch dann, wenn wir Ihn jahre-, jahrzehntelang verschmäht haben, auch dann, wenn wir kaum an Ihn gedacht haben, auch dann, wenn wir Ihn verleugnet und nicht an Ihn geglaubt haben – Christus ist da. Eine ehrliche Bitte, ein kleiner, selbstloser Schritt hin zu Ihm, hinein in das Innere – und Er kommt uns aus dem Innersten mehrere Schritte entgegen.

Nichts und niemand
kann dem Innersten
etwas anhaben.
Dort, in der Stille in uns,
im Allerheiligsten, bei Gott,
ist Geborgenheit,
ist Sicherheit, ist Heimat.

Die Erlösung ist allen gegeben, um frei zu werden und sich in Gott zu finden. Deshalb müssen auch alle Religionen, alle Institutionen vergehen. In Gott gibt es weder Religionen noch Institutionen.
Die Innere Religion
ist der Christus Gottes,
ist das Leben des Menschen
in Christus.

Erschließen wir über Glauben, Vertrauen und Verwirklichung das Gesetz Gottes, unser himmlisches Erbe, dann haben wir den Erlöserfunken in uns zum Leuchten gebracht.
Dazu bedarf es keiner äußeren Religion und keiner Institution.

Es gibt nichts Größeres als Gottes Liebe. Er ist die absolute, vollkommene, selbstlose Liebe.
Diese absolute Liebe, die im ganzen Universum strahlt, die auch in jedem von uns ist, ist die einhüllende Liebe, die uns umsorgt, die uns frei machen möchte von Sünde, von Angst, Verzweiflung, von Depressionen, von allem Menschlichen.

Habe Mut! Wende dich täglich – wenn möglich, öfter am Tag – an den unendlichen Geist der Liebe und Barmherzigkeit in dir. Er weiß um deine Belange. Er kennt deine Schwächen und deine Stärken. Bete und vertraue dich Ihm an! Das Echo, das aus dem Urgrund deiner Seele kommt, ist Freiheit, Freude, Lauterkeit und Edelmut. Das ist die Antwort Gottes.

Das Gebet und dessen Umsetzung im täglichen Leben lassen den willigen Menschen schlußendlich in das innere Glück einmünden, das ihm niemand nehmen kann.

Es ist ein Kennzeichen des geistig reifenden Menschen, sich unter allen Umständen und Zuständen in Gott geborgen zu wissen.

Wir könnten uns für den heutigen Tag vornehmen: »Erwarte nichts; übergib dich Gott«, oder: »... übergib dich Gottes Willen«. Halten wir dieses Bewußtsein, dann fühlen wir plötzlich innere Stille, innere Stärke und eine gewisse Sicherheit: Gott möchte für uns das Beste.

Eine ehrliche Bitte,
ein kleiner, selbstloser Schritt
hin zu Ihm, hinein in das
Innere – und Er kommt uns
aus dem Innersten mehrere
Schritte entgegen.

Einerlei, wo wir gehen,
wo wir stehen –
Gott, der Ewige, ist bei uns.
Betrachten wir im Äußeren
Gegenstände –
wer strahlt uns an? Gott.
Er strahlt in unser Inneres
hinein.
Achten wir nur auf die
äußere Erscheinungsform,
so fassen wir Ihn nicht.

*Solange wir nur auf das
Äußere schauen, sind wir
Veräußerlichte und sehen
auch nur das Äußere.
Dann fällt es uns schwer,
in dem Bewußtsein zu leben,
Kinder Gottes zu sein,
reine Wesen, göttliches Sein,
göttliches Leben.*

Gottes Liebe wirkt in der Familie, am Arbeitsplatz. Wo sich der Mensch auch befindet – Gottes Liebe ist um ihn, in ihm, überall und in allem waltend.

Unsere Tage verändern
ihr Gesicht, wenn wir uns
dies des öfteren vergegen-
wärtigen:
Wo wir auch hingehen –
der Halt, die Sicherheit,
ist in uns.
Was auch geschieht –
der Halt, die Sicherheit,
ist in uns.

Gleich, was wir denken, auch
wenn wir glauben,
wir können diese und jene
Probleme kaum bewältigen –
der Halt, die Sicherheit,
die Hilfe ist in uns.

Wir könnten uns als Aufgabe mitnehmen, jeden Tag öfter an Gott, unseren Vater, zu denken. Es können ganz einfache Gedanken sein. Machen wir uns z.B. bewußt, daß Gott, unser Vater, uns liebt und daß Er für uns das Beste möchte. Wir können in jedem Augenblick zu Ihm kommen, uns Ihm zuwenden und zu Ihm sprechen. Er wendet sich niemals von uns ab.

Gottes Gesetz ist unser wahres Sein, unser göttliches Erbe. Leben wir mehr und mehr nach den Gesetzmäßigkeiten Gottes, dann fühlen wir uns geborgen, eingehüllt und geschützt von unserem liebenden Vater.

*Gott, unser liebender Vater,
gibt uns unpersönlich immer
wieder die Kraft, an Ihn zu
glauben, Ihm zu vertrauen,
Ihn zu verspüren,
Ihn wahrzunehmen,
um so Seinem ewigen
Gesetz, unserem geistigen
Erbe, näherzukommen –
bis wir die Gesetze Gottes
ganz erfüllen und so als
vollkommene Tropfen in den
Ozean Gott, in das ewige*

Sein, zurückkehren. Frei.
So, wie wir aus dem ewigen
Sein gegangen sind, so
werden wir auch wieder
zurückkehren – frei.
Dann können wir uns im
ewigen Sein frei bewegen,
weil wir frei und ohne Zwang
wieder zu Erben
des Geistes Gottes geworden
sind und zu Kindern der
unendlichen, ewigen
Freiheit.

Erst wenn wir die Aussage des Herrn, zuerst nach dem Reich Gottes zu trachten, wirklich durchdrungen haben, dann erleben wir das Tiefengebet, das uns innere Freude und Glück beschert. Wir erleben aber auch das Heimatgefühl, eine Sicherheit und Geborgenheit, die unbeschreiblich ist.

Du kannst dich Gott
anvertrauen.
Er kennt dich,
Er durchschaut dich.
Werde ruhig.
Finde über die Ruhe deines
Gemüts und deiner
Gedankenwelt zur inneren
Stille.

Gott, unser Vater, ist die einzige Sicherheit in Christus, unserem Erlöser. Er, der in unserem Innersten wohnt, lädt uns ein, in diesen Innenraum einzutreten, der unsere Sicherheit ist. Das Innere Licht, in das wir eintauchen, gibt uns Halt,

gibt uns Geborgenheit,
schenkt uns Frieden,
Harmonie und Stille.
Also ist das Innere,
in das wir uns immer wieder
hineinbegeben wollen oder
hineinbegeben, für uns
gleichsam eine Festung,
eine Burg, in der wir sicher
und geborgen sind.

Wo ist Sicherheit und
Geborgenheit?
Wir sagen:
„bei Christus, oder bei Gott,
unserem Vater".
Wo suchen wir Christus?
Wo suchen wir den
großen Geist der Liebe,
Der uns liebt – einerlei,
was wir denken,
was wir tun?

Christus hilft uns in jeder
Not, in Krankheit und Leid.
Als erstes gedenkt Er unserer
Seele und dann des Körpers.
Doch Seine Liebe
ist gegenwärtig.
In Ihm sind wir geborgen.
Bei Ihm ist Sicherheit.

Wohl dem, der zu erfassen vermag, daß der wahre Halt – der Halt, der immer hält – uns so nahe ist! Es ist Christus in unserer Seele. Es ist Christus in jeder Zelle unseres Leibes. Es ist Christus in jedem Gedanken, in jedem Problem, in jeder Schwierigkeit die positive Lösung. Christus ist im Vater der allgegenwärtige Geist, und der Geist Gottes ist in uns.

Mache dir täglich bewußt:
Dein inneres Wesen ist
kosmisches Sein.
Die Kräfte in dir sind
das Reich Gottes.
Sie dienen allem und allen.
Deshalb denke über das
wahre Wohl aller nach,
aller Menschen, aller Wesen,
allen Seins; das ist das
Gemeinwohl.

Wer sich immer wieder vertrauensvoll an Christus wendet und Seine Führung durch den Tag erbittet, der wird diese auch mehr und mehr im Gebet der Seele erfahren, denn im Urgrund unserer Seele ist Er, Sein Licht, in Verbindung mit dem Vater.

Rechtes Lernen, ehrliches Einüben, um das Dasein zum Lebensgewinn zu erheben, bringt Sicherheit und Standfestigkeit.

Glücklich ist der, der sein egoistisches Wollen und Streben Dem opfert, Der das Ich Bin in allem ist. Auf diese Weise wird der Mensch aufrichtig und findet das Leben. Die Angst weicht; die Wahrheit macht ihn frei.

Wir Menschen sind nur Gast auf Erden, ob wir es glauben oder nicht. Der einzige Gastgeber, der uns mit wahrer treuer Liebe, Sicherheit und Glück bewirten kann, ist der ewige Geist. Ihm gehört der Planet Erde. Erfüllt der Mensch die Lebensgesetze des ewigen Geistes, des Gastgebers, Seine Gebote und die Lehren des Jesus, des Christus, dann weiß er sich geborgen und ist nicht heimatlos.

Gott ist das Vater-Mutter-Prinzip, die Schöpferkraft, auch in den Naturreichen. Gehen wir durch die Natur – wir gehen mit Gott und gehen durch Gott hindurch, durch Seinen mächtigen Strom, durch die Natur, die wiederum Er ist.

Der Atem der Natur
schenkt uns die Besonnenheit,
das innere Glück,
den Frieden und
die Sicherheit.

Unendlich weise und groß ist Gott. Wir setzen unseren Fuß auf Gräser, auf Blumen, auf Steine, ja, sogar auf Tiere – Er in diesen ist also im übertragenen Sinne der Teppich, auf dem wir gehen dürfen.
Auf diese Weise dient Gott uns. Unter unseren Füßen ist das ganze Schöpfungsgeschehen, Gott!

Es geht keine Energie verloren – und Gott ist positive, ewige, leuchtende Energie. Er leuchtet im Staubkörnchen, im Sandkorn – und diese kleine, für uns oftmals unscheinbare Form, trägt doch in sich wieder die Gottheit. Würde also dieses kleine Ding verlorengehen, so würde ein Teil der Schöpfung nicht mehr existieren. Das ist unmöglich, denn: Gott ist.

*Tue keinem Wesen Leid an,
weder Mensch und Tier,
noch Pflanze und Stein.
Sei bestrebt, das Wohlergehen
aller Menschen, Wesen und
Lebensformen
zu mehren.
Damit mehrst du dein inneres
Glück und die
Kommunikation zum
All-Sein, denn auf Dauer
dient uns nur,
was allen dient.*

Das Vaterunser übermittelt uns Kraft, zu vertrauen, Kraft zur Hingabe an Gott, unseren Vater.
Im Vaterunser ruft der Ewige Seine Kinder – Seine Söhne und Töchter.
Das Vaterunser, innig und von Herzen gebetet, gibt uns Kraft, uns in diesen großen Geist einzubetten und von Ihm Geborgenheit und Freiheit zu erlangen.

Der große Geist im Vaterunser nimmt uns die Angst. Er zeigt uns den Weg zur Freiheit, den Weg zum Glück, den Weg zum inneren Frieden und zur Stille, die die Geburtsstätte unseres wahren Lebens ist.

*Gott ist in jedem von uns.
Das ganze All ist erfüllt von
Seiner Kraft.
Lassen wir Seine Kraft
lebendig werden, indem wir
die Tage nützen, indem wir
unser Menschliches, unser
Fehlverhalten, erkennen,
es mit Christus bereinigen
und nicht mehr tun, dann
spüren wir sehr bald die
Gegenwart Gottes.*

Bauen wir auf Gott und vertrauen wir uns Ihm an, dann bekommen wir, was wir benötigen, und sind dann auch für und mit unserem Nächsten.

*Wir können auf Dauer
nicht glücklich sein,
keine Freiheit erlangen und
schon gar keinen Frieden,
wenn wir gegen den
Nächsten sind.*

Lerne, dir selbst
anzugehören; werde eins in
und mit dir selbst; dann
wirst du auch mit deinen
Mitmenschen Frieden
schließen
und Frieden halten.

*Bleibe bei deinen
Lebensregeln;
bleibe bei dir selbst.
Höre auf, den Kampf gegen
deinen Nächsten zu führen;
das ist verlorene Lebenskraft.*

*Versöhne dich mit deinem
Nächsten; tue Gutes.*

*Gott ist uns nahe.
In allem, was wir denken und tun, ist das ewige Gesetz.
In jeder Situation will uns Gott helfen. Vertrauen wir uns Ihm an! Das Vertrauen wächst durch die Bereinigung unseres Menschlichen. Dann spüren wir Seine Nähe, die uns glücklich macht.*

Wer erfaßt, daß nichts verloren-, zugrunde geht, der macht sich auf, in sich selbst »auf den Grund zu gehen«, sich selbst zu erforschen. Er macht sich auf, den ewigen, göttlichen Gesetzen zu folgen und wendet sich wieder seiner inneren Heimat zu. Durch Selbsterkenntnis und Läuterung seiner Seele gelangt er zur Gotteserkenntnis und fühlt sich in Christus geborgen.

In uns ist der einzig gute Freund, der uns immer hilft, der immer für uns ist. Auch wenn ein Tag uns als schlecht erscheint, auch wenn wir heute gesündigt haben, wenn wir etwas getan haben, das miserabel war – Er ist immer da und immer für uns. Er ist immer der gute Freund, der hilft.

Befreien Sie sich von dem dumpfen „Glauben"! Gewinnen Sie Erfahrung mit Gott in Ihnen! Daraus erfolgt die tiefe, innige Gläubigkeit und Weisheit.

Der Ewige ist der Vater-Mutter-Gott. Er ist unser, also auch Ihr himmlischer Vater. Gewinnen Sie diese Verbindung!

Wer täglich sein Bestes gibt,
ausgerichtet auf die Fülle,
die Gott in ihm ist,
ohne Dank und
Anerkennung zu erwarten,
der erfährt und erlebt sehr
bald, daß er aus der Fülle
gibt, die keine Grenzen
kennt.

Ruhe und Souveränität bringen auch die Vertrautheit gegenüber Gott. Wir vertrauen uns Gott an, denn Gott weiß um alle Dinge. Er will für uns nur das Beste. Er ist uns ständig nahe. Er, das mächtige Gesetz, die Liebe und Gerechtigkeit, ist immer bei uns. Gott ist der innere Lauscher, der alles vernimmt.

*Das wahre Vertrauen
Gott gegenüber zeigt sich
darin, daß wir uns Ihm
uneingeschränkt anver-
trauen, ohne zu wissen, was
der nächste Schritt bringt.
Wir trauen Gott.
Ganz gleich, was geschieht,
wir leben in dem Bewußt-
sein: Gott ist gegenwärtig.
Er steht uns zur Seite.
Er will das Beste für uns.*

*In jedem Problem,
in jeder Schwierigkeit,
in allem Widrigen ist Gott,
die positive Kraft.
In jeder Sünde ist Gott
das Reine. Wollen wir
um Vergebung bitten,
so bitten wir Gott,
daß Er uns beisteht –
und Er steht uns bei.*

Vertrauen wir uns in jeder Situation Gott an, dann machen wir die Erfahrung, daß Gott verläßlich ist, daß wir Ihm trauen können.

Die Liebe Gottes ist die größte Macht. Ausschließlich aus der Liebe Gottes empfangen wir Frieden, Glück und Geborgenheit. Tief in unserer Seele fühlen wir wieder die Sehnsucht nach dieser großen Macht der Liebe, nach Gott.

*Das Innere Leben ist
das Element, in dem unser
eigenes inneres Wesen
wieder leben und freudig sich
bewegen möchte wie der
Fisch im Wasser.*

Der ewige Geist in uns hilft uns, Er ist immer f ü r uns. Gerade in dieser verrohten Zeit brauchen wir Ihn, den Geist der All-Liebe.

Bereinigen wir unser Allzumenschliches, dann werden unsere Gebete Dankgebete.
Das tiefe Dankgebet an Gott und an Christus ist gleichsam ein erlösendes Gebet. Das heißt, daß wir uns Gott, der das Leben ist, mehr und mehr anvertrauen.
Wir werden ruhiger, zuversichtlicher, weil wir erfahren: ER ist da!

Alles, was ist,
ist Leben aus Gott,
weil Gott das Leben ist.
So ist Gott auch in der
Verdichtung, in der Materie;
denn auch in der Materie ist
Er das innewohnende
Leben.

Die Lebenssubstanz erwächst einzig aus unserem eigenen Inneren. Sie kommt aus dem Inneren Leben, das der Einzelne mehr und mehr erweckt und aufbaut dadurch, daß er aktiv wird in der schrittweisen Erfüllung der Gebote Gottes und der Lehren Jesu. Daraus ergibt sich der wahre Lebensgewinn, ein angehobenes Lebensgefühl von innerer Heiterkeit, Geborgenheit, das uns erfüllt und glücklich macht, das motiviert zu Einsatz und zur rechten Tat und das in alles hineinstrahlt, was wir denken, reden und tun. Das ist aktives, gebendes Leben im Geiste des Christus Gottes, das uns im Herzen reich, froh und frei macht.

Der tiefe Glaube an Gott und das innige Vertrauen auf Gott sind machtvolle Kräfte. Sie helfen, Krankheit, Not und Leid zu überwinden, und tragen wesentlich dazu bei, gesund zu werden.

Der Glaube an Gott und das Vertrauen auf Gott aktivieren die positiven Kräfte unserer Seele und unseres Leibes. Positive Kräfte sind Heilkräfte. Sie lassen uns gesund werden.

*Wir beten: Christus in uns.
Deine Liebe und Güte ist
immer gegenwärtig.
In diesen Minuten kommen
wir mit unseren Anliegen
zu Dir.
Wir bitten Dich um Hilfe
und um Heilung.
Wir fühlen in das Kraftfeld
der Liebe hinein und spüren,
wie sich die Kommunikation
zwischen Gott und uns
aufbaut.*

Gottes Macht ist Liebe,
Gottes Liebe ist die Fülle.
Wer in der Liebe Gottes ruht,
der l e b t .

*Jeder von uns ist
von der unendlichen Liebe
eingehüllt.
Wir merken es dann,
wenn wir uns der
Liebe Gottes hingeben,
indem wir Schritt für Schritt
die Werke der Liebe tun,
die wir in den
Zehn Geboten Gottes
und in der Bergpredigt Jesu
finden.*

*Streben wir dem Feinen,
dem Edlen zu, dann finden
wir nach innen,
und wir finden hinein in das
Licht, das uns umgibt gleich
einer Burg.
Dort sind wir sicher.
Dort sind wir gefestigt.
Dort sind wir umgeben von
der Stärke und Liebe Gottes.
Dann sind wir geeint in
Ihm, dem großen All-Einen,
der ist ewiglich.*

Wir brauchen uns in dieser Welt nicht zu fürchten. Wer sich als Kind Gottes erweist, indem er sich immer und immer wieder bemüht, Gottes Gesetze zu erkennen und täglich zu verwirklichen, der kann sicher sein, er geht an Christi Hand.

Christus ruft uns, und Er weiß, daß wir noch unvollkommen sind. Die tägliche Anstrengung der konsequenten Verwirklichung macht uns freudig, glücklich und gibt uns die Sicherheit in Christus.

Machen wir uns bewußt:
Wer zu sich selbst gefunden hat, der ist bestrebt, in Ehe und Partnerschaft die Balance zu halten. Er wird auch den Kindern eine fürsorgliche Frau bzw. ein fürsorglicher Vater sein.
Im Betrieb, am Arbeitsplatz wird er sein Bestes geben. Aufgrund seiner Verläßlichkeit wird er in seinem Umfeld Vertrauen gewinnen und eine Bereicherung sein.

Einerlei, was wir auf der Erde
tun, wo immer wir auch den
Halt im Menschlichen suchen
– mit der Zeit erkennen wir:
Nirgendwo gibt es einen Halt
– nur in Gott.
Wird uns dies bewußt,
dann werden wir auch öfter
unser Innerstes, das Heiligtum
in uns, aufsuchen,
in welchem Gott wohnt.

Gott ist immer gegenwärtig.
Gott ist in jedem Partikel
unserer Seele, in jeder Zelle
unseres Körpers.
Gott ist in jedem Baustein
der Materie.
In jeder Bewegung ist Gott,
weil Gott das Leben ist.

Ich bin ein Kind des
inneren Reiches.
Ich bin kraftvoll, lichtvoll
und selbstlose Liebe.
In mir wohnt der Herrliche
– Gott.
Durch mich strahlt die
Herrlichkeit – Gott.
Ich bin in Gott ewiges Sein –
von Ewigkeit zu Ewigkeit.

Wohin ich auch schaue –
Gott ist gegenwärtig.
Gott umgibt mich in
der Natur.
Gott umgibt mich unter
den Menschen.
Gott umgibt mich bei Tag
und bei Nacht.
Wohin ich gehe –
Gott umgibt mich.

Wohin ich schaue – überall ist Gott.
Was ich auch höre – in der Tiefe ist Gott.
Gott ist im Tag und in der Nacht.

Gott ist mein fürsorglicher Vater, der mich umsorgt, mich geleitet und führt.

Möge Ihnen die innere Heimat immer näherkommen, Gott, der Geist unseres ewigen Vaters, und Christus, unseres Erlösers! Möge sich in Ihnen die Stille ausbreiten. In der Stille erleben wir das Größte: die Nähe Gottes und die Dankbarkeit, Sein Kind zu sein.

Aufschlagen und sich finden

Die Fundgrube meines Daseins
156 S., geb., Format 11 x 15 cm
Best.-Nr. S 334. ISBN 978-3-89201-124-8
Euro 10,00. Fr 17,50

Vaterworte auch an Dich

120 S., geb., Format 11 x 15 cm
Best.-Nr. S 108. ISBN 978-3-89201-070-8
Euro 10,00. Fr 17,50

Goldene Worte

der Weisheit Gottes aus der ewigen Quelle des Lebens
128 S., geb., Format 11 x 15 cm
Best.-Nr. S 366. ISBN 978-3-89201-224-5
Euro 10,00. Fr 17,50

Für Dich zum Nachdenken

188 S., geb., Format 11 x 15 cm
Best.-Nr. S 311. ISBN 978-3-89201-068-5
Euro 10,00. Fr 17,50

GOTT möchte für Dich das Beste

416 S., geb., Format 11 x 15 cm
Best.-Nr. S 331. ISBN 978-3-89201-111-8
Euro 12,00. Fr 21,90

Das Wort des Christus Gottes an die Menschheit, bevor diese Welt vergeht

Näher zu GOTT in dir

120 S., Taschenbuch
Best.-Nr. S 139. ISBN 978-3-89201-204-7
Euro 5,00. Fr 9,30
Als Hörbuch: 4 CDs, Euro 14,90, Fr 28,20

Die Perlenfischerin

Perlen der göttlichen Weisheit

Für Menschen mit Herz und Verstand. Lassen Sie sich inspirieren von diesen einzigartigen Perlen der göttlichen Weisheit, gegeben von Gabriele.

Das Besondere: Das „Vaterunser", in einer meditativen Vertiefung von einmaliger Schönheit und Innigkeit, gegeben und gesprochen von Gabriele, liegt dem Buch als Audio-CD bei.

96 S., geb., mit eingelegter CD

Best.-Nr. S 363. ISBN 978-3-89201-163-7

Euro 19,50. Fr 36,00
